CHANSONS DRÔLES
CHANSONS FOLLES

Direction éditoriale : Catherine Germain
Direction artistique : Gianni Caccia
Direction de la production : Pascal Genêt
Recherche : Francine Reeves

Arrangements musicaux : Denis Larochelle, assisté de Marc Larochelle
avec l'aide de : *Symphonic Orchestra Samples* (Miroslav Vitous),
Distorted Reality (Eric Persing), *New York City Percussionworks* (Sampleheads),
Whole Lotta Country (Larry Campbell)
Interprètes principaux : Sylvie Dumontier, Denis Gagné
Accordéons, harmonicas, percussions, sifflements : Christian Laurence
Voix : Marie-Célie Agnant, Sara Durand, Philippe Giroux,
Marie Larochelle, Mathieu Telefoglou
sous la direction de Brigitte Poudrier

Chansons des pages 11, 12, 13, 22, 23, 24, 25, 38, 39, 72, 73, 92 et 93
illustrées par Geneviève Côté

Chansons des pages 28, 29, 30, 31, 60, 61, 76, 77, 86, 87, 96, 97, 98,
99, 106, 107, 108 et 109
illustrées par Marie Lafrance

Chansons des pages 18, 19, 20, 21, 81, 82, 83, 104 et 105
illustrées par Mireille Levert

Chansons des pages 32, 33, 34, 35, 48, 49, 50, 51, 69, 70, 71, 84, 85, 88, 89,
90, 91, 100, 101, 102 et 103
illustrées par Luc Melanson

Chansons des pages 36, 37, 44, 45, 46, 47, 58, 59, 74, 75, 94, 95, 110, 111, 112 et 113
illustrées par Mylène Pratt

Chansons des pages 14, 15, 16, 17, 40, 41, 42, 43, 55, 56, 57, 62, 63, 64 et 65
illustrées par Michel Rabagliati

Illustration de la couverture : Michel Rabagliati

Choisies par

HENRIETTE MAJOR

Chansons drôles
Chansons folles

Illustrées par
Geneviève Côté, Marie Lafrance,
Mireille Levert, Luc Melanson, Mylène Pratt
et Michel Rabagliati

Arrangements musicaux
Denis Larochelle

FIDES

Données de catalogage avant publication (Canada)
Chansons drôles, Chansons folles (ensemble multi-supports)
Pour enfants.

ISBN 978-2-7621-2260-2

1. Chansons enfantines.
2. Chansons françaises.
3. Chansons françaises – Québec (Province).
4. Chansons folkloriques françaises.
I. Major, Henriette, 1933-   II. Côté, Geneviève *et al.*   III. Larochelle, Denis.

MI992.C457 2000   782.42'083   C00-941026-0

Dépôt légal : 3ᵉ trimestre 2000
Bibliothèque nationale du Québec

© Éditions Fides, 2000

Les Éditions Fides remercient le ministère du Patrimoine canadien du soutien qui leur est accordé dans le cadre du Programme d'aide au développement de l'industrie de l'édition. Les Éditions Fides remercient également le Conseil des Arts du Canada et la Société de développement des entreprises culturelles du Québec (SODEC).

Présentation

Chansons drôles, chansons folles... Pas si folles pourtant ! Les chansons de ce recueil ont beaucoup à nous apprendre. Chacune renferme une petite histoire dont il faut saisir le côté insolite ou farfelu pour pouvoir en goûter tout l'humour. Des rythmes entraînants, un vocabulaire riche et varié, des situations cocasses qui racontent à leur manière la vie d'autrefois, autant d'éléments qui viendront enrichir les jeunes chanteurs.

Depuis l'avènement de la télévision et des jeux électroniques, on chante beaucoup moins. Quel dommage ! Chanter, c'est une façon si simple d'exprimer sa joie de vivre. Les chansons peuvent animer des groupes en toutes sortes d'occasions : activité scolaire, rencontre entre amis, réunion de famille.

Ces chansons drôles, parfois très anciennes, font partie de notre patrimoine culturel. Alors transmettons–les à nos enfants. Elles auront d'autant plus de succès qu'elles feront rire.

Henriette Major

Joyeux
personnages

Pirouette, cacahuète

Il é - tait un pe - tit homme, Pi - rouet - te, ca - ca -
huè - te, Il é - tait un pe - tit homme Qui a - vait
une drôle de mai - son Qui a - vait une drôle de mai - son.

Il était un petit homme,
Pirouette, cacahuète,
Il était un petit homme
Qui avait une drôle de maison (*bis*).

Sa maison est en carton,
Pirouette, cacahuète,
Sa maison est en carton,
Les escaliers sont en papier (*bis*).

Le facteur y est monté,
Pirouette, cacahuète,
Le facteur y est monté :
Il s'est cassé le bout du nez (*bis*).

On lui a raccommodé,
Pirouette, cacahuète,
On lui a raccommodé
Avec un beau fil doré (*bis*).

Le beau fil s'est cassé,
Pirouette, cacahuète,
Le beau fil s'est cassé :
Le bout du nez s'est envolé (*bis*).

Le bon roi Dagobert

Le bon roi Da - go - bert A mis sa cu - lotte à l'en - vers. Le grand

saint É - loi Lui dit : «Ô mon roi! Vo - tre Ma - jes - té est mal

cu - lot - tée.» «C'est vrai! lui dit le roi, Je vais la re - mettre à l'en - droit!»

Le bon roi Dagobert
A mis sa culotte à l'envers.
Le grand saint Éloi
Lui dit : « Ô mon roi !
Votre Majesté est mal culottée. »
« C'est vrai ! lui dit le roi,
Je vais la remettre à l'endroit ! »

Le bon roi Dagobert
Chassait dans les plaines d'Anvers.
Le grand saint Éloi
Lui dit : « Ô mon roi !
Votre Majesté est bien essoufflée. »
« C'est vrai ! lui dit le roi,
Un lapin courait après moi. »

Le bon roi Dagobert
Mangeait en glouton du dessert.
Le grand saint Éloi
Lui dit : « Ô mon roi !
Vous êtes gourmand,
Ne mangez pas tant. »
« C'est vrai ! lui dit le roi,
Je ne le suis pas tant que toi. »

On dit qu'y en a deux

On dit qu'y en a deux. Y a deux Tes - ta - ments. L'An-

cien et le Nou - veau_____ au! Mais

y a qu'un ch'veu sur la tête à Ma - thieu.

On dit qu'y en a deux.
Y a deux Testaments.

Refrain
L'Ancien et le Nouveau,
Au, au, au, au, au, au, au, au !
Mais y a qu'un cheveu sur la tête à Mathieu.

19

On dit qu'y en a trois.
Y a les Trois-Rivières,
Y a deux Testaments.

On dit qu'y en a quatre.
Y a Catherine de Russie,
Y a les Trois-Rivières,
Y a deux Testaments.

On dit qu'y en a cinq.
Y a Cincinnati,
Y a Catherine de Russie,
Y a les Trois-Rivières,
Y a deux Testaments.

On dit qu'y en a six.
Y a système métrique, *etc.*

On dit qu'y en a sept.
Y a c'est épatant, *etc.*

On dit qu'y en a huit.
Y a huîtres Malpèque, *etc.*

On dit qu'y en a neuf.
Y a n'œuf à la coque, *etc.*

On dit qu'y en a dix.
Y a disputez-vous ! *etc.*

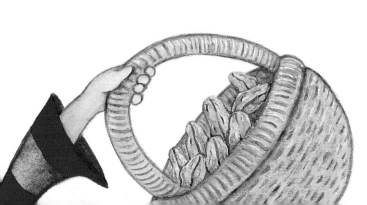

Marianne s'en va-t-au moulin

Ma - ri - anne s'en va - t-au mou - lin, Ma - ri - anne s'en va - t-au mou - lin, C'est pour y faire mou - dre son grain. C'est pour y faire mou - dre son grain. À che - val sur son â - ne, Ma p'tite mam' - zelle Ma - rian - ne, À che - val sur son â - ne, Ca - tin, S'en al - lant au — mou - lin.

Marianne s'en va-t-au moulin (*bis*),
C'est pour y faire moudre son grain (*bis*).
À cheval sur son âne,
Ma petite mam'zelle Marianne,
À cheval sur son âne, Catin,
S'en allant au moulin.

Le meunier qui la voit venir (*bis*),
S'empresse aussitôt de lui dire (*bis*) :
« Attachez donc votre âne,
Ma petite mam'zelle Marianne,
Attachez donc votre âne, Catin,
Par-derrière le moulin. »

Pendant que le moulin marchait (*bis*),
Le loup tout alentour rôdait (*bis*).
Le loup a mangé l'âne,
Ma petite mam'zelle Marianne,
Le loup a mangé l'âne, Catin,
Par-derrière le moulin.

Marianne se mit à pleurer (*bis*).
Cent écus d'or lui a donnés (*bis*)
Pour acheter un âne,
Ma petite mam'zelle Marianne,
Pour acheter un âne, Catin,
En revenant du moulin.

Son père qui la voit venir (*bis*)
Ne put s'empêcher de lui dire (*bis*) :
« Qu'avez-vous fait de votre âne,
Ma petite mam'zelle Marianne,
Qu'avez-vous fait de votre âne, Catin,
En allant au moulin ? »

C'est aujourd'hui la Saint-Michel (*bis*)
Que tous les ânes changent de poil (*bis*).
« Je vous ramène le même âne,
Ma petite mam'zelle Marianne,
Je vous ramène le même âne, Catin,
Qui me porta au moulin. »

Compère Guilleri

Il était un petit homme
Qui s'appelait Guilleri,
Carabi ;
Il s'en fut à la chasse,
À la chasse aux perdrix.

Refrain

Carabi, titi,

Carabi, toto,

Carabo, compère Guilleri !

Te lairas-tu, te lairas-tu,

Te lairas-tu mouri ?

Il monta sur un arbre
Pour voir ses chiens couri,
Carabi ;
La branche vint à rompre
Et Guilleri tombit.

Il se cassa la jambe
Et le bras se démit,
Carabi ;
Les dames de l'hôpital
Sont arrivées au bruit.

On lui banda la jambe
Et le bras lui remit,
Carabi ;
Pour remercier ces dames,
Guilleri les embrassit.

Dame Tartine

Il é - tait une Da - me Tar - ti - ne, Dans un beau pa - lais de beurre frais. La mu -

raille é - tait de pra - li - nes, Le par - quet é - tait de cro - quets, La chambre à cou -

cher De crè - me de lait, Le lit de bis - cuit, Les ri - deaux d'a - nis.

Il était une Dame Tartine,
Dans un beau palais de beurre frais.
La muraille était de pralines,
Le parquet était de croquets,
La chambre à coucher
De crème de lait,
Le lit de biscuit,
Les rideaux d'anis.

Elle épousa monsieur Gimblette,
Coiffé d'un beau fromage blanc.
Son chapeau était de galette,
Son habit était de vol-au-vent,
Culotte en nougat,
Gilet de chocolat,
Bas de caramel,
Et souliers de miel.

Et leur fille, la belle Charlotte,
Avait un nez de massepain,
De superbes dents de compote,
Des oreilles de craquelin.
Je la vois garnir
Sa robe de plaisirs
Avec un rouleau
De pâte d'abricot.

Voici que la fée Carabosse,
Jalouse et de mauvaise humeur,
Renversa d'un coup de sa bosse,
Le palais sucré du bonheur.
Pour le rebâtir,
Donnez à loisir,
Donnez, bons parents,
Du sucre aux enfants.

Chère Élise

A - vec quoi faut - il cher - cher l'eau, Chère É - li - se, chère É - li - se, A - vec quoi faut - il cher - cher l'eau? A - vec un seau, mon cher Eu - gè - ne, Cher Eu - gè - ne, a - vec un seau.

Avec quoi faut-il chercher l'eau,
Chère Élise, chère Élise,
Avec quoi faut-il chercher l'eau ?

Avec un seau, mon cher Eugène,
Cher Eugène, avec un seau !

32

Mais le seau, il est percé,
Chère Élise, chère Élise,
Mais le seau, il est percé.

Faut le boucher, mon cher Eugène,
Cher Eugène, faut le boucher !

Avec quoi faut-il le boucher,
Chère Élise, chère Élise,
Avec quoi faut-il le boucher ?

Avec de la paille, mon cher Eugène,
Cher Eugène, avec de la paille !

33

Mais la paille n'est pas coupée,
Chère Élise, chère Élise,
Mais la paille n'est pas coupée.

Faut la couper, mon cher Eugène,
Cher Eugène, faut la couper !

Avec quoi faut-il la couper ? ...
Avec une faux, mon cher Eugène...

Mais la faux n'est pas affûtée...
Faut l'affûter, mon cher Eugène...

Avec quoi faut-il l'affûter?...
Avec une pierre, mon cher Eugène...

Mais la pierre n'est pas mouillée...
Faut la mouiller, mon cher Eugène...

Avec quoi faut-il la mouiller ? ...
Avec de l'eau, mon cher Eugène...

Avec quoi faut-il chercher l'eau ? ...
(Et on recommence !)

Jean de la Lune

Par une tiède nuit de printemps, Il y a bien de ce -
la cent ans Que sous un brin de per - sil, sans bruit,
Tout me - nu na - quit Jean de la Lu - ne, Jean de la Lu - ne.

Par une tiède nuit de printemps,
Il y a bien de cela cent ans
Que sous un brin de persil, sans bruit,
Tout menu naquit
Jean de la Lune, Jean de la Lune.

36

Il était gros comme un champignon,
Frêle, délicat, petit, mignon,
Et jaune et vert comme un perroquet
Avait bon caquet :
Jean de la Lune, Jean de la Lune.

Quand il se risquait à travers bois,
De loin, de près, de tous les endroits,
Merles, bouvreuils sur leurs mirlitons
Répétaient en rond :
Jean de la Lune, Jean de la Lune.

Quand il mourut, chacun le pleura.
Dans son potiron, on l'enterra.
Et sur sa tombe l'on écrivit
Sur la croix : ci-gît
Jean de la Lune, Jean de la Lune.

Il était un petit homme

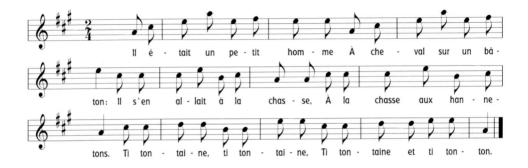

Il était un petit homme
À cheval sur un bâton ;
Il s'en allait à la chasse,
À la chasse aux hannetons.

Refrain

Ti tontaine, ti tontaine,
Ti tontaine et ti tonton.

Il s'en allait à la chasse,
À la chasse aux hannetons ;
Quand il fut sur la montagne,
Il partit un coup de canon.

Quand il fut sur la montagne,
Il partit un coup de canon ;
Il en eut si peur tout de même
Qu'il tomba sur ses talons !

Cadet Rousselle

Ca - det Rous - selle a trois mai - sons Ca - det Rous - selle a trois mai - sons Qui n'ont ni
pou - tres ni che - vrons. Qui n'ont ni pou - tres ni che-

vrons. C'est pour lo - ger les hi - ron - del - les; Que di - rez - vous d'Ca - det Rous-

sel - le? Ah! ah! ah! oui, vrai - ment, Ca - det Rous - selle est bon en - fant.

Cadet Rousselle a trois maisons (*bis*)
Qui n'ont ni poutres ni chevrons (*bis*).
C'est pour loger les hirondelles;
Que direz-vous d'Cadet Rousselle?

Refrain

Ah! ah! ah! oui, vraiment,
Cadet Rousselle est bon enfant.

Cadet Rousselle a trois habits (*bis*) :
Deux jaunes, l'autre en papier gris (*bis*).
Il met celui-ci quand il gèle,
Ou quand il pleut ou quand il grêle.

Cadet Rousselle a trois souliers (*bis*):
L'un décousu, l'autre percé (*bis*)
Et le troisième, je me rappelle,
N'a jamais eu trace de semelle !

Cadet Rousselle a trois deniers (*bis*):
C'est pour payer ses créanciers (*bis*).
Quand il a montré ses ressources,
Il les remet dedans sa bourse.

Le nez de Martin

Martin prend sa serpe, } *bis*
Au bois il s'en va.
Faisait grande froidure,
Le nez lui gela.

Refrain

Ah ! quel dommage !

Quel dommage, Martin !

Ah ! quel dommage !

44

Martin prit sa serpe, } *bis*
Il se le coupa.
Dans le trou d'un arbre,
Martin le plaça.

Trois jeunes nonnettes } *bis*
Ont passé par là.
« Ah ! dit la plus jeune,
Ma sœur, qu'est-ce donc ça ? »

« C'est le nez d'un moine } *bis*
Qu'on a planté là.
Dans le monastère,
Il nous servira. »

« Dans le monastère, } *bis*
Il nous servira.
Au bout d'une perche,
Les cierges éteindra. »

Bon voyage, monsieur Dumollet

Bon voy - age, mon - sieur Du - mol - let, À Saint - Ma - lo, dé - bar - quez sans nau -
Bon voy - age, mon - sieur Du - mol - let, Et re - ve - nez si le pa - ys vous

fra - ge! Mais si vous ve - nez voir la ca - pi - ta - le, Mé - fi - ez vous des vo - leurs, des a -
plaît.

mis, Des bil - lets doux, des coups, de la ca - ba - le, Des pis - to - lets et des tor - ti - co - lis.

Refrain

Bon voyage, monsieur Dumollet,
À Saint-Malo, débarquez sans naufrage !
Bon voyage, monsieur Dumollet,
Et revenez si le pays vous plaît.

Mais si vous venez voir la capitale,
Méfiez-vous des voleurs, des amis,
Des billets doux, des coups, de la cabale,
Des pistolets et des torticolis.

Des polissons vous feront bien des niches ;
À votre nez riront bien des valets.
Craignez surtout les barbets, les caniches,
Car ils voudront caresser vos mollets.

Drôles
de métiers

Sur le quai de la ferraille

Sur le quai de la fer - rail - le, Un beau jour Cram - pon - neau, mar - chand d'co - co, Di -

sait d'u - ne voix de basse - tail - le À tous les ba - dauds qu'a - vaient chaud: «À la gla - ce! À la

frai - che! À la douce! À la bonne! Qui veut boire? Ve - nez, mes en - fants, pe - tits et grands, De

moi, vous se - rez tous con - tents.» Mais le gars ne di - sait pas Un mot de vrai, Car

la frai - cheur de sa gla - ce Chauf - fait, bouil - lait, de - puis deux heures Au grand so - leil!

Sur le quai de la ferraille,
Un beau jour, Cramponneau,
Marchand de coco,
Disait d'une voix de basse-taille
À tous les badauds qui avaient chaud :

« À la glace ! À la fraîche !
À la douce ! À la bonne !
Qui veut boire ?
Venez, mes enfants, petits et grands,
De moi, vous serez tous contents. »

Mais le gars ne disait pas
Un mot de vrai,
Car la fraîcheur de sa glace
Chauffait, bouillait, depuis deux heures
Au grand soleil !

I went to the market

I went to the mar-ket, Mon p'tit pa-nier sous mon bras, I went to the mar-ket, Mon p'tit

pa-nier sous mon bras, The first girl I met Fut la fille d'un a-vo-cat.— For I love you!

Vous ne m'ai-mez guè-re. I love you! Vous n'm'ai-mez pas du tout! For n'm'ai-mez pas du tout!

I went to the market,
Mon petit panier sous mon bras. } *bis*
The first girl I met
Fut la fille d'un avocat.

Refrain
For I love you !
Vous ne m'aimez guère.
I love you ! } *bis*
Vous ne m'aimez pas du tout !

Mam'zelle, what have you got
Dans ce beau petit panier-là ? } *bis*
I've got some apples,
N'en achèteriez-vous pas ?

Oh ! Give me two dozens,
Pis le bonhomme vous les paiera. } *bis*
I went to the kitchen,
Mais le bonhomme n'y était pas !

Mam'zelle Angèle

Je sonne au nu - mé - ro   un   Et d'mande mam' -zelle An-   gè - le. La   el - le?» «Elle
con - cier - ge me ré -   pond: «Mais quel   mé - tier fait - - -

fait des pan - ta - lons, Des jupes et des ju - pons Et des gi - lets d'fla - nel - le. Elle   des gi - lets d'co -

ton.»   Ah! ah! ah!   Je ne con - nais pas Ce genre de mé - tier - là. Al -   lez voir à cô -   té!

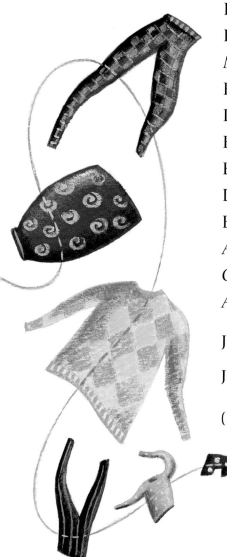

Je sonne au numéro un
Et demande mam'zelle Angèle.
La concierge me répond :
Mais quel métier fait-elle ?
Elle fait des pantalons,
Des jupes et des jupons,
Et des gilets de flanelle.
Elle fait des pantalons,
Des jupes et des jupons
Et des gilets de coton.
Ah ! ah ! ah ! je ne connais pas
Ce genre de métier-là.
Allez voir à côté !

Je sonne au numéro deux...

Je sonne au numéro trois...

(Etc.)

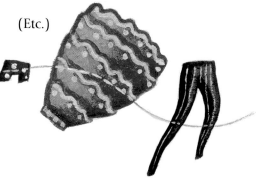

Sur la route de Berthier

Sur la route de Berthier, Sur la route de Berthier, Il y avait un cantonnier Il y avait un cantonnier Et qui cassait Et qui cassait Des tas d'cailloux Des tas d'cailloux Et qui cassait des tas d'cailloux Pour mettre sur l'passage des roues.

Ah! Que la route est belle, belle, Que la route est belle, belle, à Berthier!

Sur la route de Berthier (*bis*),

Il y avait un cantonnier (*bis*)

Et qui cassait (*bis*)

Des tas de cailloux (*bis*)

Et qui cassait des tas de cailloux

Pour mettre sur le passage des roues.

Refrain

Ah! Que la route est belle, belle,

Que la route est belle, belle, à Berthier!

62

Une belle dame vint à passer (*bis*)
Dans un beau carrosse doré (*bis*).
Et qui lui dit (*bis*) :
« Pauvre cantonnier ! » (*bis*)
Et qui lui dit : « Pauvre cantonnier !
Tu fais un fichu métier ! »

Le cantonnier lui répond (*bis*) :
« Faut que j'nourrissions nos garçons (*bis*),
Car si je roulions (*bis*)
Carrosse comme vous (*bis*),
Car si je roulions carrosse comme vous,
Je ne casserions point de cailloux.»

Cette réponse se fait remarquer (*bis*)
Par sa grande simplicité (*bis*).
Ce qui prouve que (*bis*)
Les malheureux (*bis*),
Ce qui prouve que les malheureux,
S'ils le sont, c'est malgré eux.

Violons
et rigodons

La ronde de Biron

Quand Bi-ron a vou-lu dan-ser, Quand Bi-ron a vou-lu dan-ser, Ses sou-liers se fit ap-por-ter, Ses sou-liers se fit ap-por-ter. Ses sou-liers— de pa-pier. Au son d'l'ac-cor-dé-on, Vous dan-se-rez, Bi-ron.

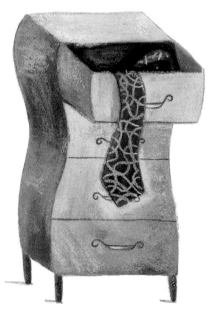

Quand Biron a voulu danser (*bis*),
Ses souliers se fit apporter (*bis*),
Ses souliers de papier.

Refrain
Au son de l'accordéon,
Vous danserez, Biron.

69

Quand Biron a voulu danser (*bis*),
Ses culottes se fit apporter (*bis*),
Ses culottes rouge carotte,
Ses souliers de papier.

Quand Biron a voulu danser (*bis*),
Ses bretelles se fit apporter (*bis*),
Ses bretelles en dentelle,
Ses culottes rouge carotte,
Ses souliers de papier.

Quand Biron a voulu danser (*bis*),
Sa perruque se fit apporter (*bis*),
Sa perruque à la turque, *etc.*

Quand Biron voulut danser (*bis*),
Son veston se fit apporter (*bis*),
Son veston un peu long, *etc.*

Polichinelle

Pan! Qu'est-ce qu'est là? C'est Po - li - chi - nelle, Mam' zel - le. Pan! Qu'est-ce qu'est là? C'est Po - li - chi - nelle que v'là! Il est mal fait Et craint de vous dé - plai - re, Mais il es - père Vous chan - ter son cou - plet.

Pan ! Qu'est-ce qu'est là ?

C'est Polichinelle, Mam'zelle.

Pan ! Qu'est-ce qu'est là ?

C'est Polichinelle que v'là !

Il est mal fait

Et craint de vous déplaire,

Mais il espère

Vous chanter son couplet.

Toujours joyeux,

Il aime fort la danse.

Il se balance

D'un petit air gracieux.

À vous faire rire,

Mes enfants, il aspire.

Jeunes et vieux,

Ceux qui rient sont heureux.

Gugusse

C'est Gu - gusse, a - vec son vio - lon, Qui fait dan - ser les fil - les, Qui fait dan - ser les fil - les.

C'est Gu - gusse, a - vec son vio - lon, Qui fait dan - ser les filles et les gar - çons.

Mon pa - pa ne veut pas Que je dan - se, que je dan - se. 1. 2. la pol - ka.

Il di - ra ce qu'il vou - dra, Moi je dan - se, moi je dan - se. 1. 2. la pol - ka!

C'est Gugusse, avec son violon,
Qui fait danser les filles (*bis*).
C'est Gugusse, avec son violon,
Qui fait danser les filles et les garçons.

Mon papa ne veut pas
Que je danse, que je danse.
Mon papa ne veut pas
Que je danse la polka.

Il dira ce qu'il voudra,
Moi je danse, moi je danse.
Il dira ce qu'il voudra,
Moi je danse la polka !

Le bal chez Boulé

Di- manche, a - près les vêpres, y au - ra bal chez Bou - lé, Mais

il n'i - ra per - sonne, que ceux qui savent dan - ser.____ Vo - gue, ma - ri - nier,

vo - gue, Vo - gue, vo - gue, beau ma - ri - nier. -nier.

Dimanche, après les vêpres, y aura bal chez Boulé,
Mais il n'ira personne, que ceux qui savent danser.

Refrain

Vogue, marinier, vogue,
Vogue, vogue, beau marinier.

Tout le monde dansait de son mieux, on se faisait pas prier.
La fille de Jos Violon ne voulut pas danser.

Pourquoi ne dansez-vous pas? Êtes-vous trop fatiguée?
Ou bien avez-vous peur d'user vos beaux souliers?

Non, non, ce n'est pas ça, j'ai un petit cor au pied.
Je vais me contenter de vous regarder danser.

Animaux
rigolos

Biquette

Bi - quette n'veut pas sor-tir du chou... Ah! tu sor-ti- ras, Bi-quet-te, Bi- quet-te!

Ah! tu sor-ti- ras de ce chou- là! On en- voie cher-cher le chien A- fin de mor-dre Bi-

quette. Le chien n'veut pas mor-dre Bi- quette. Bi-quette n'veut pas sor-tir du chou...

Refrain

Ah ! tu sortiras, Biquette, Biquette !
Ah ! tu sortiras de ce chou-là !

On envoie chercher le chien
Afin de mordre Biquette.
Le chien ne veut pas mordre Biquette.
Biquette ne veut pas sortir du chou...

On envoie chercher le loup
Afin de manger le chien.
Le loup ne veut pas manger le chien.
Le chien ne veut pas mordre Biquette.
Biquette ne veut pas sortir du chou...

On envoie chercher le bâton
Afin d'assommer le loup.
Le bâton ne veut pas assommer le loup.
Le loup ne veut pas manger le chien
Le chien ne veut pas mordre Biquette.
Biquette ne veut pas sortir du chou...

On envoie chercher le feu
Afin de brûler le bâton.
Le feu ne veut pas brûler le bâton...

On envoie chercher de l'eau
Afin d'éteindre le feu.
L'eau ne veut pas éteindre le feu...

On envoie chercher le veau
Pour lui faire boire de l'eau.
Le veau ne veut pas boire de l'eau...

On envoie chercher le boucher
Afin de tuer le veau.
Le boucher ne veut pas tuer le veau...

Compère, qu'as-tu vu ?

Com - père, qu'as - tu vu? Com - mère, j'ai bien vu!

J'ai vu un gros bœuf Dan - sant sur un œuf

Sans en rien cas - ser. Com - père, vous men - tez!

Refrain

Compère, qu'as-tu vu ?
Commère, j'ai bien vu !

J'ai vu un gros bœuf
Dansant sur un œuf
Sans en rien casser.
Compère, vous mentez !

J'ai vu une anguille
Qui coiffait sa fille
En haut d'un clocher.
Compère, vous mentez !

J'ai vu une grenouille
Filant sa quenouille
Au bord d'un fossé.
Compère, vous mentez !

J'ai vu une pie
Qui gagnait sa vie
En faisant des chapelets.
Compère, vous mentez !

J'ai vu une mouche
Qui se rinçait la bouche
Avec un pavé.
Compère, vous mentez !

Dans un petit chemin

Nan ti chemen an

Nan ti che men'an ki bo mou len'an, Nan chak ma dlo, mwen tande yon bri:

plaf! plaf! Se'yon kra- po vèt an re- den- got, ki ta pra - le tèt dlo a pye. Te

gen'yon fèt nan'yon ri- gol, la la la la la la. Tout gre - nouiy met ko - sè

de - kol - te, la la la la la la. Tout le - ta met jilè ak li - nèt nwa.

1.

2.

Kwak, kwak, kwak m pap mon te tap tap; kwak, kwak, kwak m'pi- to ri- ve mou - ye ! -ve mou - ye !

Nan ti chemen an, ki bo moulen an,
Dans un petit chemin, près du moulin,

Nan chak ma dlo, mwen tande yon bri : plaf ! plaf !
Dans chaque mare d'eau, j'entends : plop ! plop !

Se yon krapo vèt an redengot, ki ta prale tèt dlo a pye.
C'est un crapaud en redingote, qui s'en va à pied à la source.

Te gen yon fèt nan yon rigol, la, la, la, la, la, la.
Il y a la fête dans une rigole, la, la, la, la, la, la.

Tout grenouiy met kosè dekolte, la, la, la, la, la, la.
Les grenouilles sont en décolleté, la, la, la, la, la, la.

Tout leta met jilè ak linèt nwa.
Les autorités ont mis leurs gilets et leurs lunettes noires.

Kwak, kwak, kwak, m pap monte tap tap ;
Je ne monte pas en tap-tap ;

} *bis*

Kwak, kwak, kwak, m pito rive mouye !
Je préfère arriver mouillé !

Chanson de Martha Jean-Claude,
traduite du créole par Marie-Célie Agnant.

87

La mère Michel

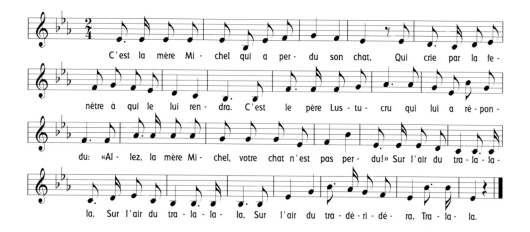

C'est la mère Michel qui a perdu son chat,
Qui crie par la fenêtre à qui le lui rendra.
C'est le père Lustucru qui lui a répondu :
« Allez, la mère Michel, votre chat n'est pas perdu ! »

Refrain

Sur l'air du tralalala (*bis*),
Sur l'air du tradéridéra,
Tralala.

C'est la mère Michel qui lui a demandé :
« Mon chat n'est pas perdu, vous l'avez donc trouvé ? »
C'est le père Lustucru qui lui a répondu :
« Donnez une récompense, il vous sera rendu. »

Et la mère Michel lui dit : « C'est décidé,
Si vous rendez mon chat, vous aurez un baiser. »
Mais le père Lustucru, qui n'en a pas voulu,
Lui dit : « Pour un lapin, votre chat est vendu ! »

La petite chèvre

C'é - tait une pe - tite chèvre de fort tem - pé - ra - ment Qui re - ve - nait d'Es - pagne et par - lait al - le - mand. Bal - lot - tant d'la queue Et gri - gno - tant des dents, Bal - lot - tant d'la queue Et gri - gno - tant des dents.

C'était une petite chèvre de fort tempérament
Qui revenait d'Espagne et parlait allemand.

Refrain

Ballottant de la queue

Et grignotant des dents,

Ballottant de la queue

Et grignotant des dents.

Elle entra par hasard dans le champ d'un Normand.
Elle y vola un chou qui valait bien trois francs
Et une queue de poireau qui valait bien autant.
On l'emmène à la Cour, la Cour du président.

Elle leva sa grande couette et s'assit sur un banc.
Elle a pris un grand livre et regarda dedans.
Elle vit que son affaire allait bien tristement.
Elle fit un pet au juge et quatre au président.

Les poissons sont assis

Dans le fond de la mer,
Les poissons sont assis (*bis*),
Attendant patiemment
Que les pêcheurs soient partis (*bis*).
Ah ! ah ! ah !
Ohé ! du bateau,
Du grand mât de la hune !

Ohé ! du bateau,
Du grand mât des huniers !
Tra la la la la, tra la la la la.

Le bâtiment merveilleux

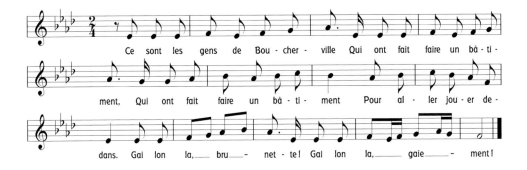

Ce sont les gens de Bou-cher - ville Qui ont fait faire un bâ-ti -
ment, Qui ont fait faire un bâ - ti - ment Pour al - ler jou - er de -
dans. Gai lon la, bru — net - te! Gai lon la, gaie - ment!

Ce sont les gens de Boucherville
Qui ont fait faire un bâtiment,
Qui ont fait faire un bâtiment
Pour aller jouer dedans.

Refrain
Gai lon la, brunette !
Gai lon la, gaiement !

La charpente du bâtiment,
C'est une boîte de fer-blanc.
Les trois mâts du bâtiment
Sont des cotons d'herbe Saint-Jean.

Le gouvernail du bâtiment,
C'est la queue d'un cheval blanc.
Les trois voiles du bâtiment
Sont des vestes de bouracan.

Le capitaine du bâtiment,
C'est un bœuf au front tout blanc.
La cuisinière du bâtiment,
C'est une vache de trente ans.

L'équipage du bâtiment,
Ce sont des agneaux du printemps.
Et tous ceux qui vont dedans,
Ce sont de vrais innocents !

Le peureux

En pas - sant dans un p'tit bois Où le cou - cou chan - tait, Où le cou -

cou chan - tait Et dans son jo - li chant di - sait: «Cou-cou, cou - cou, Cou-cou, cou -

cou.» Et moi je cro - yais qu'il di - sait: «Casse - lui le cou! Casse - lui le

1.

2.

cou!» Et moi de m'en cour - re, cour - re, courre, Et moi de m'en cou - rir. Et moi de -rir.

En passant dans un petit bois
Où le coucou chantait (*bis*)
Et dans son joli chant disait :
« Coucou, coucou (*bis*) ! »
Et moi je croyais qu'il disait :
« Casse-lui le cou ! Casse-lui le cou ! »

Refrain
Et moi de m'en courre, courre, courre,
Et moi de m'en courir. } *bis*

En passant près d'un étang
Où les canards chantaient (*bis*)
Et dans leur joli chant disaient :
« Cancan, cancan, cancan, cancan ! »
Et moi je croyais qu'ils disaient :
« Jette-le dedans ! Jette-le dedans ! »

En passant près d'une rivière
Où les pêcheurs pêchaient (*bis*)
Et dans leurs jolis chants disaient :
« Quel beau poisson ! » (*bis*)
Et moi qui croyais qu'ils disaient :
« Quel polisson ! Quel polisson ! »

Les cadeaux de Noël

Voi - là c'que le p'tit No - ël M'ap - porte en ca - deau du

ciel: Un p'tit chat qui fait mia - ou! Mia - ou, mia -

ou! Un p'tit chien qui fait wouf, wouf! Wouf, wouf! Wouf, wouf!

Refrain

Voilà ce que le petit Noël
M'apporte en cadeau du ciel:

Un petit chat qui fait miaou!
Miaou, miaou!
Un petit chien qui fait wouf, wouf!
Wouf, wouf! Wouf, wouf!

Un canard qui fait coin, coin !
Coin, coin ! Coin, coin !
Un tambour qui fait boum, boum !
Boum, boum ! Boum, boum !

Un violon qui fait zing, zing !
Zing, zing ! Zing, zing !
Une poule qui fait cot, cot !
Cot, cot ! Cot, cot !

Une petite vache qui fait meuh, meuh !
Meuh, meuh ! Meuh, meuh !
Une clochette qui fait dring, dring !
Dring, dring ! Dring, dring !

(Et on imagine d'autres cadeaux.)

Mon âne

Mon â - ne, mon â - ne A bien mal à la tête. Ma -
da - me lui fait fai - re Un bon - net pour sa tête. Un bon - net pour sa
tête Et des sou - liers li - las, la, la, Et des sou - liers li - las.

Mon âne, mon âne,
A bien mal à la tête.
Madame lui fait faire
Un bonnet pour sa tête.

Un bonnet pour sa tête
Et des souliers lilas, la, la,
Et des souliers lilas.

Mon âne, mon âne,
A bien mal aux oreilles.
Madame lui fait faire
Une paire de boucles d'oreilles.

Une paire de boucles d'oreilles,
Un bonnet pour sa tête
Et des souliers lilas, la, la,
Et des souliers lilas.

Mon âne, mon âne,
A bien mal à ses yeux.
Madame lui fait faire
Une paire de lunettes bleues.

Une paire de lunettes bleues,
Une paire de boucles d'oreilles,
Un bonnet pour sa tête
Et des souliers lilas, la, la,
Et des souliers lilas.

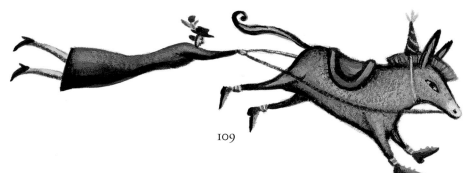

Mon merle

Mon merle a perdu son bec, Mon merle a perdu son bec. Un bec, deux becs, trois becs, ah! oh! Com-ment veux-tu, mon merle, mon mer-le, Com-ment veux-tu, mon merle, chan-ter?

Mon merle a perdu son bec (*bis*).
Un bec, deux becs, trois becs, ah ! oh !

Refrain
Comment veux-tu, mon merle, mon merle,
Comment veux-tu, mon merle, chanter ?

Mon merle a perdu son œil (*bis*).
Un œil, deux yeux, trois yeux,
Un bec, deux becs, trois becs, ah ! oh !

Mon merle a perdu sa tête (*bis*).
Une tête, deux têtes, trois têtes,
Un œil... un bec...

Mon merle a perdu son cou (*bis*).
Un cou, deux cous, trois cous,
Une tête... un œil... un bec...

Mon merle a perdu son dos (*bis*).
Un dos, deux dos, trois dos,
Un cou... une tête... un œil... un bec...

Mon merle a perdu son aile (*bis*).
Une aile, deux ailes, trois ailes,
Un dos... un cou... une tête...
Un œil... un bec...

Mon merle a perdu son ventre (*bis*).
Un ventre, deux ventres, trois ventres,
Une aile... un dos... un cou... une tête...
Un œil... un bec...

Mon merle a perdu ses pattes (*bis*).
Une patte, deux pattes, trois pattes,
Un ventre... une aile... un dos... un cou...
Une tête... un œil... un bec...

Mon merle a perdu sa queue (*bis*).
Une queue, deux queues, trois queues,
Une patte... un ventre... une aile... un dos...
Un cou... une tête... un œil... un bec...

À propos des chansons

Les chansons réunies dans ce recueil sont souvent très anciennes et elles ont de multiples versions selon les pays, les régions, les époques. Les airs changent, les paroles également. De nombreux chercheurs se sont consacrés à la collecte de ces chansons et à l'étude de leurs origines. Il faut parfois remonter à l'Antiquité pour en retrouver des traces.

Les quelques informations qui suivent sont dues aux travaux de plusieurs chercheurs, notamment Patrice Coirault, Martine David et Anne-Marie Delrieu en France et, au Québec, Ernest Gagnon, Conrad Laforte et Marius Barbeau. Elles témoignent de la richesse de ce patrimoine.

JOYEUX PERSONNAGES

Page 14 **Le bon roi Dagobert**

Cette chanson, à l'origine satirique, fut interdite en France avant la Révolution. On s'y moquait de Louis XVI, un roi hésitant, indécis, manquant d'autorité. Louis XVI mourut guillotiné en 1793.

Page 19   On dit qu'y en a deux

Ce morceau très ancien était aussi appelé *Il n'y a qu'un Dieu*. Une chanson «à récapitulation» qui permettait de graver dans les mémoires certaines vérités religieuses ! On retrouve dans la religion juive des énumérations semblables qui poursuivent le même objectif. Cette version, plus récente, est une parodie de l'ancienne.

Page 22   Marianne s'en va-t-au moulin

La première publication attestée de cette chanson française date de 1536. Très connue en France comme au Canada, elle apparaît sous différents titres dont *La jeune dame va-t-au moulin* et *L'âne de Marion*. Il existe au moins 138 versions recensées de cette chanson !

Page 26   Compère Guilleri

Selon la tradition, le héros de cette chanson était Philippe Guillery, fameux brigand de la région du Poitou, en France, chef d'une troupe de 500 bandits, qui semait la terreur dans cette région autour des années 1600.

Mais, dans un recueil de chansons datant de 1574, on trouve déjà un Guillery ou Gallery et une chanson intitulée *La Chasse Gallery* où un gentilhomme de ce nom est condamné, pour avoir offensé Dieu, à chasser éternellement. La mélodie rappelle celle d'une autre chanson, *À la volette*, dont on trouve plusieurs versions en France, dès 1575.

Une chanson très connue, donc, qui a peut-être plusieurs origines.

Dame Tartine

On peut approximativement dater cette chanson par le nom des pâtisseries dont elle fait mention : on sait, par exemple, que le vol-au-vent ne fit son apparition qu'en 1817, en France.

Chère Élise

Cette chanson date de la première moitié du xixᵉ siècle. Elle fait partie des chansons dites « à tiroir », dont le dernier couplet renvoie au premier.

Jean de la Lune

L'air de cette chanson est emprunté à une ronde, qui est elle-même adaptée d'une marche militaire. La miniaturisation des personnages est souvent employée dans les chansons et les contes populaires.

Cadet Rousselle

Ce sont les soldats de la Révolution française qui, les premiers, ont chanté *Cadet Rousselle* en reprenant les paroles d'une chanson plus ancienne, *Jean de Nivelle*.

Ce pauvre cadet, un jeune soldat, n'a pas de chance dans la vie. De surcroît, il est roux ou « roussel », donc victime des préjugés négatifs dont souffrent les personnes rousses dès le Moyen Âge !

Le thème du personnage pittoresque qui possède tout par trois existait déjà au xviᵉ siècle dans le répertoire populaire français.

Page 44   **Le nez de Martin**

La première version écrite de cette chanson date de 1560. Au Canada seulement, il en existe 10 versions répertoriées. On la retrouve aussi sous le titre de *Martin prit sa serpe*.

Page 48   **Bon voyage, monsieur Dumollet**

Cette chanson constituait le vaudeville final d'une pièce écrite par un certain Marc-Antoine Désaugiers. Elle fut représentée à Paris en 1809.

DRÔLES DE MÉTIERS

Page 58   **I went to the market**

Cette chanson traditionnelle est aussi connue sous le titre de *La fille aux oranges*. Il en existe 166 versions recensées depuis le XVIe siècle, dans toute la francophonie et en Espagne. Cette version est une des versions acadiennes.

Page 62   **Sur la route de Berthier**

Née en Île-de-France, vers 1820, cette chanson s'intitulait *Sur la route de Louviers*. En Nouvelle–France, on a remplacé le nom de Louviers par Berthier, petite ville de la rive nord du Saint-Laurent, en face de Sorel, près de Montréal.

Le duc de Biron était un seigneur célèbre au XVIᵉ siècle, compagnon d'armes du roi Henri IV qu'il trahit par deux fois. Il mourut décapité en 1602. *La ronde de Biron* était une chanson de protestation et elle fut interdite par le roi. Le temps passa, le duc de Biron fut oublié, et ce n'est que vers la fin du XIXᵉ siècle que sont apparues les paroles de la chanson que nous chantons aujourd'hui.

C'est une chanson d'origine médiévale adaptée au Québec. L'écrivain Philippe Aubert de Gaspé en donne une version dans son unique roman *Les anciens Canadiens,* publié en 1863.

ANIMAUX RIGOLOS

Comme *Mon merle, La ronde de Biron* et *Mon âne,* cette chanson est une randonnée – ce qui signifiait autrefois une course rapide et ininterrompue – ou chanson récapitulative. Chaque couplet s'enrichit des éléments des couplets précédents, et le dernier couplet récapitule tous les éléments de la chanson. Ces chansons servaient à aiguiser la mémoire ! Ce genre, bien connu en France comme au Canada, est un des plus anciens en Europe. Son origine remonte probablement au VIᵉ siècle avant Jésus-Christ. *Biquette* en est un des prototypes. On retrouve les thèmes de *Biquette* – bête, bâton, feu, eau – dans les langues de l'Antiquité.

En 1916, Marius Barbeau, grand folkloriste québécois, avait recueilli plusieurs versions de cette chanson, au Québec seulement.

Page 84 **Compère, qu'as-tu vu ?**

Cette chanson, intitulée parfois *Les mensonges* ou *Les menteries,* relève d'un genre ancien qu'on appelait «coq à l'âne» et dont on trouve les premières versions dans un recueil daté de 1603. Le thème est resté le même au cours des siècles. Le chanteur prétend, pour s'amuser, avoir vu un animal, souvent travesti en homme, accomplir des gestes incongrus et grotesques. Cette forme dialoguée de la chanson date du xixe siècle. Au Québec, il en existe plusieurs versions qui ont été recueillies dès 1850.

Page 89 **La mère Michel**

Avec ses deux personnages de guignol, cette chanson constitue une petite comédie pour amuser un jeune public. Elle date du milieu du xixe siècle. Elle a été composée pour être jouée dans un théâtre de marionnettes. Mais l'air sur lequel on la chante est encore plus ancien, c'est la *Marche de Catinat,* composée en 1693 à l'occasion de la victoire du maréchal de Catinat sur le duc de Savoie.

Page 92   **La petite chèvre**

Les plus anciennes versions que
nous connaissons de cette chanson, appelée aussi *La chèvre en
Parlement*, remontent au XVIIIᵉ siècle.
Depuis le Moyen Âge, on intentait des
procès contre des animaux: au XVIIIᵉ siècle par
exemple, une vache a même été condamnée à mort!

Cette chanson est une satire malicieuse des gens d'armes (la Police)
et de la Justice. Il existe de nombreuses variantes de cette chanson.

Page 96   **Le bâtiment merveilleux**

Cet air entraînant d'aviron faisait partie du répertoire des «voyageurs» de
la région de Montréal qui, au XVIIIᵉ siècle, transportaient les fourrures dans
leurs canots d'écorce pour le compte des compagnies qui en faisaient le
commerce. Tout au long de leurs périlleux voyages, ils la chantaient à pleine
voix pour se donner du courage.

Le nom de Boucherville fut sans doute donné par un voyageur nostal-
gique de son village natal, proche de Montréal. Le mot «bouracan» désigne
une étoffe de laine très serrée.

C'est une chanson d'origine française, chanson de merveilles ou de mensonges, comme *Dame Tartine* ou *Le nez de Martin*.

Page 100 **Le peureux**

On ne connaît pas très bien l'origine de cette chanson, sans doute très ancienne, qui est parfois intitulée *Le coucou chantait*. Elle a été recueillie dans plusieurs régions de France, au XIXᵉ siècle.

Page 106 **Mon âne**

Plusieurs versions de cette chanson dont *Madame a mal au pied* et *Mon oncle*, ont été recueillies en Gaspésie et à Montréal vers 1917-1918. Chantées sur le même air, avec énumération, ces différentes versions ne mettent jamais en scène un âne, puisque cet animal ne s'est pas acclimaté au Canada.

Page 110 **Mon merle**

Très connue dans toute la francophonie, cette chanson compte une soixantaine de versions répertoriées, en France et au Canada.

Index

*par ordre alphabétique des titres,
des premiers mots
et des autres titres connus.*

Table des matières

Violons et rigodons

Animaux rigolos

Cet ouvrage a été achevé d'imprimer en octobre 2008
sur les presses de l'imprimerie Transcontinental (Canada).